Le Mirouer

du

Bibliophile Parisien.

Le Mirouer

du

Bibliophile Parisien,

où se voyent au vray le Naturel, les
Ruses et les Joyeulz Esbat-
tements des Fure-
teurs de Vieilz
Liures.

Imprimé a Paris par Guiraudet et Jouaust,
pour A. Bonnardot, Parisien.

M. V.CCC. XLVIII.

Tiré à 160 exemplaires, numérotés et signés.

N°

S'ensuit le portrait d'un bouquiniste tracé par un amateur de bouquins. Ce caractère n'est pas, dans son ensemble, celui de tel ou tel bibliophile connu : il se compose de traits puisés çà et là par l'auteur, qui a souvent eu occasion d'étudier ses collègues en bibliomanie, et s'est philosophiquement satirisé lui-même, en quelques endroits, pour compléter son esquisse.

Cet opuscule est susceptible de divertir un instant les bibliophiles, et les gens du monde qui ne les comprennent pas.

Alf. Bonnardot.

Décembre 1847.

1. — Le mesnage du Bibliophile.

A mi lecteur ! (comme on isait dans les pré-
faces d'autrefois) si tu sais apprécier les bons
vieilz liures, et les types amusants, fais-moi
l'amitié de m'accompagner : je te ferai partici-
per à une bonne aubaine. Nous irons de ce
pas au numéro 16 d'une certaine maison voi-
sine de la place Royale. Le maître du logis
nous fera un parfait accueil, quoiqu'il ne nous
connaisse ni l'un ni l'autre. C'est un homme de
50 à 54 ans, à la fois riche et pauvre, sage et
bizarre, bon et peu sociable, savant et ridi-
cule. Son épouse approche de la quarantaine,

et, bien qu'assez richement dotée, fait elle-même sa toilette, son ménage, son marché et sa cuisine.

— Eh bien ! auteur sans gêne, je te tutoierai à mon tour : je t'avertis que, s'il n'y a pas en tout ceci une jeune fille intéressante, et un jeune homme à sentiments, je vais porter ailleurs mes bottes et ma canne, ou plutôt mon parapluie, car le ciel me paraît chargé de nuages.

— S'il pleuvait, tant pis, notre bibliophile serait moins abordable. La température humide, influant sur son cerveau comme sur une corde de contrebasse, rend son caractère flasque et indolent, sa parole brève et presque maussade. Mais nous trouverons moyen de l'amener à plus de sérénité.

Quant à la jeune fille exigée, nous ne pouvons manquer de la voir ; elle s'absente peu afin d'éviter les frais de toilette, sévèrement interdits en cette maison. Du reste je la garantis jolie, spirituelle, bien élevée, et, par dessus tout, désireuse de voir poindre à l'horizon un mari préférable à celui que lui destine son vénérable père.

Jean Vechel, ou plutôt *Jehan*, comme on lit sur ses cartes de visite, prétend descendre d'un certain Wechel (malgré la différence du double V), libraire éditeur célèbre, à Paris, au commencement du XVIe siècle. Vraie ou fausse, cette généalogie le flatte à l'excès.

Il a un compagnon inséparable, qui est en même temps son plus redouté concurrent. Durandal est, comme lui, à quelques modifications près dans le système, un fureteur et un accapareur de bouquins. Les deux femmes détestent cordialement sa personne et ses conseils, qui contribuent sans cesse, disent-elles, à substituer, dans le ménage, de vieux livres aux objets de première nécessité. Domicilié aux environs, il est toujours si bien reçu du mari, en sa qualité de collègue, que j'éprouve une certaine tentation de nous présenter de sa part. Jehan se passerait plutôt de besicles que des visites de Durandal ; néanmoins ce couple représente moins deux amis que deux bibliothèques communiquant ensemble.

Pour abréger l'ennui de la route, je vais, ami lecteur, te préparer d'avance au spectacle qui nous attend. Je t'ai dit que madame Vechel, dépourvue de bonne, en remplissait toutes les fonctions. Cela tient à ce que le chef de la communauté aime si singulièrement les livres, qu'il réserve à peine quelques écus pour le linge, les vivres, et les termes du loyer. Sa passion, son *dada* chéri absorbe tout. Sa femme, sa fille, son dîner, tout cela possède son estime, mais en second rang.

Attention ! nous approchons de son logis : nous pouvons être sûrs de n'avoir point fait une course inutile, car je l'aperçois à sa fenêtre, d'où il guette sans doute l'arrivée du voisin. Comme décidément la pluie ne viendra pas, il sera d'une amabalité parfaite. Nous voici devant la porte : entrons.

— M. Jean Vechel ?

— « Au cinquième, sur le derrière, répond une voix aigre. »

Cette voix *aigre* vient de ce que le portier n'a pas encore reçu ses étrennes.

— Tu t'étonnes que Jehan perche si haut ? Son logement pourtant lui coûte cher, vu le quartier : mille francs, et au cinquième ! Mais c'est qu'aussi il occupe un appartement de dix pièces, dont voici, en abrégé, l'état de lieux. En entrant, se présente une grande antichambre, usurpant aujourd'hui l'emploi de salle à manger, et rétrécie par deux larges armoires pleines de bouquins, destinés depuis vingt ans à être revendus comme inutiles. A gauche, on entrevoit une cuisine, qui sert le plus souvent de salon aux femmes. Viennent deux chambres : l'une, assez confortable, contient le lit nuptial du sieur Vechel ; l'autre, plus étroite, aura plus d'importance à tes yeux, puisque tu aimes les jeunes filles : là repose la beauté promise.

Les autres pièces consistent en une vaste salle

à manger, un immense salon et deux grands cabinets. Tout cela, y compris deux chambres situées à l'étage supérieur, sert à loger une prodigieuse bibliothèque, dépôt infructueux qui représente aujourd'hui (décembre 1847) environ cent trente mille francs de capital déboursé. Toutes ces paperasses, accumulées çà et là, causent d'horribles émotions au propriétaire ; il voit, dans son sommeil, ses plafonds qui font le ventre ; il se repent d'avoir passé bail, et rend, chaque mois, une visite à son dangereux locataire, pour le prier de ménager ses solives.

Nous voici enfin sur le palier qui donne accès chez cet homme sans pareil. Notons ici une chose : il serait désagréable de se tromper de porte. L'une des deux introduit à l'appartement de la dame Vechel, qui se plaît à éconduire les figures inconnues, celles surtout sur lesquelles elle croit lire distinctement le mot : *bibliophile*. Elle s'y connaît, et souhaite tous les maux imaginables à cette espèce abhorrée.

Quant à l'autre porte, c'est tout différent :
M. Vechel est l'homme le plus affable, quand
on sait bien expliquer le but de sa visite, choi-
sir son jour et parler un peu *typographie*. Aujourd'hui, j'en réponds, il sera charmant, et le
diable se présenterait en personne qu'il lui
dirait : Donnez - vous la peine de vous as-
seoir.

— Eh bien ! sonnons.

— Un moment. J'ai oublié de te faire remar-
quer au premier étage une large porte ornée
d'un écusson : c'est l'étude du notaire, à qui la
maison appartient. Son premier clerc, un certain *Arthur* dont j'ai oublié le nom, va jouer
ici un rôle important. C'est mon dernier per-
sonnage à produire ; après lui, l'univers nous
est indifférent. Ce jeune homme, de bon ton et
d'honnête lignée, a sa chambre un étage au
dessus de la famille Vechel. Le père lui plaît,
uniquement parce que sa physionomie singulière le met en gaîté ; la jeune fille, parce
qu'elle joint à la beauté et à la modestie je ne

sais quel air ennuyé ; la mère enfin , parce que c'est la voie la plus sûre pour aller droit au cœur de la demoiselle.

M. Eugène (voici son nom retrouvé !) a rendu plus d'un petit service à la famille, du côté des femmes. Maintes fois, le soir, quand manquait le clair de lune, il s'empressa d'éclairer la marche de ses chères voisines.

Madame Vechel , fort sensible à cette prévenance et à dix autres du même genre , affirme n'avoir jamais connu un cavalier plus aimable; plus distingué en ses manières, et cela d'autant plus volontiers que son mari ne reçoit guère que des amis d'un âge très mûr.

— Eh bien ! décidément, sonnerons-nous ?

— Avant tout, une dernière confidence, tout en nous promenant sur le vaste palier fort commode pour cet exercice. Notre bibliophile a, depuis long-temps déjà, des vues sur l'ami Durandal, qu'il estime jeune encore à 56 ans, habitué qu'il est à vivre avec des gens de lettres âgés de quatre siècles et bien conservés. Il attend de son voisin, qui s'est à demi ouvert sur cet article, une demande en mariage plus formelle. Le vieux garçon est, au demeurant, un assez bon viveur : il chérit, presque à l'égal des livres rares, le vieux vin et les jeunes femmes. Pour le malheur de la belle victime, cet *hymé-née* parait immanquable, et .le notaire n'est qu'à soixante marches plus bas.

Mais à pareille distance est le rival protégé par madame, et préféré, sans aucun doute, par mademoiselle. A l'état actuel, Durandal a tout l'avantage, chacun des deux bibliophiles voyant en cette union un moyen plus ou moins éloigné de compléter sa collection par celle de son rival : c'est, à proprement parler, un mariage projeté entre deux bibliothèques.

Mais, ami lecteur, tu me parais complète-ment impatienté. Eh bien! les autres confi-dences viendront plus tard. Voici la bonne porte ; je tiens la patte de biche, je vais don-ner le coup de sonnette, il est donné.

II. — Suit un curieux dialogue.

Tout ce qui a été dit précédemment est une sorte d'introduction. Le coup de sonnette est réel, mais ce n'est pas moi qui l'ai donné ; c'est l'ami Durandal, à qui Jehan Vechel dit en ce moment : « Eh bien ! que pensez-vous du résultat de la dernière vente ? A propos ! comment vous portez-vous ? »

Quand ce dernier entra, il s'essuyait le front et tenait sous son bras un livre rouge que Jehan contempla avec une ardente curiosité. Son voisin eût pu, comme saint Denis, se présenter à l'état d'acéphale, sans que l'autre se fût aperçu de cette grave circonstance. Il voyait là uniquement un livre en maroquin, où vous, messieurs, eussiez aperçu tout d'abord un bonhomme coiffé d'une casquette de drap.

Les deux savants portaient un habit plus ou moins modeste, suivant l'occasion. En cet instant, le moins râpé des deux était le visi-

teur; demain il deviendra le visité, et les cos-
tumes seront en sens inverse. En vérité, il
faudrait être bien opulent pour être à la fois
gant jaune et bibliophile !

Dès qu'ils furent installés dans le salon in-
terdit aux femmes, Jehan reprit la parole :
« Donnez-vous la peine de prendre ce tabouret,
et déposez ce livre qui vous gêne. »

Le voisin se garda bien de rien déposer ; il
avait, avant tout, quelques centaines de phrases à débiter. Son air mystérieux et résolu in-
triguait le bibliophile.

— Comment se portent madame et mademoiselle Vechel ? répondit Durandal.

L'impatience de Jehan était à son comble.
— « Voyons ! quel est donc cet in-quarto aux
armes de ?.. » Il s'approcha pour examiner de
plus près, mais le bras se resserrait plus
étroitement.

— Avant tout, écoutez des choses inouïes.
Jamais bonne fortune ne m'advint en des circonstances aussi bizarres...

— Mais, par l'âme du feu duc de la Vallière! quel est cet in-quarto? Serait-ce, par hasard, certain livre publié par mon ancêtre, et qui me fait courir depuis si long-temps?

— Je ne dis ni oui ni non; mais il faut savoir...

— Si c'était cela, je suis prêt à vous céder en échange 250 volumes de ma réserve.

— Figurez-vous une vente *borgne* où seul je vis un peu clair. Je me rends hier à l'hôtel des commissaires-priseurs, salle 7; ma sœur m'avait chargé d'acheter un bois de lit pour son neveu, qui sort de pension. J'entre : je vois plusieurs lits, les uns trop larges, les autres trop étroits. On vendait alors de vieux quinquets, dont je fis hausser l'enchère, je ne sais trop pourquoi.

— Mais ce livre... quel est son titre? sa date? rien que la date?

— Après les quinquets, on adjuge en masse une foule d'ustensiles ridicules; j'allais donc m'en aller tout droit rue de Cléry...

— Si c'est l'édition sans date avec figures de *Thielman Kerver*, bon! Mais si c'était celle imprimée à Troyes, la trouvaille ne serait pas des plus brillantes.

— ... J'allais donc partir, quand on jette sur table un lot de bouquins (Jehan cette fois prêta l'oreille). J'en ouvre un, au hasard, et crois tomber des nues; c'était... tout à l'heure vous saurez tout.

L'auditeur trépignait, séchait sur pieds. Plus il faisait d'efforts pour se saisir du volume, plus son adversaire se retirait habilement en arrière. Il fallait boire le calice jusqu'à la.... fin de l'anecdote. Du reste, ce n'était que représailles. Le narrateur continua :

— A peine ai-je entrevu le titre (la bonne édition, ma foi! celle de Vérard), qu'on propose cinq francs du tout. Un chaudronnier crie : Vingt sous! Je laisse faire. Tout à coup, un grand sec, qui était devant moi, se retourne et me salue. C'était un avocat, un concurrent. Quel coup de foudre! Je lui rends son salut, sans paraître m'intéresser à la vente. Alors il s'avise d'entamer conversation. Quel parti prendre? Il tiraillait mes manches selon son habitude; j'étais sur des rasoirs. — Trois francs! une fois, deux fois..., s'écriait le commissaire-priseur. L'avocat me tenait toujours. Que faire? — Personne ne dit mot? ajouta l'autre.

Tout à coup une ruse de guerre se présente: « Vous allez perdre un de vos boutons. » Il me lâche pour regarder les plis de sa chemise; j'opère un signe de tête auquel une voix répond à l'instant : Adjugé! *Toc!* Il était temps...

Jehan respira :— Ah! enfin! voyons ce bienheureux in-quarto.

Mais l'autre n'était pas au bout. — Mon avocat, continua-t-il, me dit gravement : Mes boutons tiennent parfaitement, mais qu'est-ce qu'on vend donc là? — Un lot de ferraille. — *On va payer!* dit une voix enrouée : c'était celle du crieur, qui me flanquait en pleine poitrine mon lot de 18 volumes. Je jette 3 fr. 15 c. sur la table, et me retire les bras embarrassés. Mon voisin ébahi se doute de quelque chose, et prétend m'aider à aligner mes volumes. Heureusement j'avais mis le bon en réserve; vous le savez : il ne faut jamais, règle générale, révéler ses trouvailles à un adversaire *in ipso loco.*

— Ah! enfin, enfin...

— Tout à l'heure. Il se met donc à fureter, et ne rencontre que papiers ineptes, tels que : vieille musique, théologie, etc. Cette emplette l'étonne, mais il met la main sur le dernier de tous. C'était ma foi une *Entrée d'Henri II à Paris,* 1549, figures sur bois. Il sourit, croyant avoir tout deviné, puis s'enflamme et me supplie de lui céder cet in-4. Comme je le possède, ainsi que vous, je fais le généreux. — Volontiers. — Combien ? — Vingt francs. — Accepté, réplique-t-il, me prenant au mot, et il me remet la somme. Après lui, un brocanteur attardé s'approche : — Recédez-vous le tout pour cinq francs ? — Voilà! Et je lui remets en échange de l'effigie de Louis-Philippe, tout le fatras musical et théologique. Résumé : mon précieux livre me revient à 0, plus 22 francs de bénéfice, pour la peine de l'apporter chez moi. Est-ce là un marché? Hein?

— Mais, par Belzébut! quelle est cette rareté?

— Ne vous l'ai-je pas dit? C'est l'ouvrage dont vous êtes si fier de posséder un exemplaire : LE PARANGON DES FEMES ASTUCIEUSES, *Paris, Anthoine Vérard*, 1512; grandes marges, armes de De Thou, maroquin, petits fers, etc.

Jehan put enfin se satisfaire et manier le livre à son aise ; c'était un droit bien acheté.

— L'exemplaire ne manque pas de mérite ; mais, néanmoins, vous êtes sous l'empire du premier enivrement. Le prix en est modéré, j'en conviens, la marge est belle, puisque même quelques feuillets ont encore leur *barbe ;* mais... j'entrevois des taches graves, des mouillures ; et puis est-il complet ? Voilà la question.

— Collationné trois fois! Quant à ces légers défauts, vous les exagérez. Ce livre est délicieux et d'une reliure parfaite.

La jalousie du bibliophile s'avivait de plus en plus.

— En tout cas, votre marché est-il comparable à l'emplette de mon Rabelais, édition *princeps*, qui me revient à... 50 fr. de bénéfice ? Quant à votre reliure, ce n'est pas un prodige, c'est du mouton ; les armes de De Thou sont une contrefaçon, ou plutôt, je le soupçonne, une fausse apposition habilement raccordée.

— Voilà qui est fort ! Si le livre était à vous...

— Quand on me fait sonner si haut le mot *maroquin*, je veux que c'en soit réellement et du bon, pris du côté de la tête, et non du côté du ventre. Quant à vos petits fers, c'est une erreur : ce sont de grands fers assez mal appliqués. Après tout, je suis franc ; c'est un joli livre pour le prix. Dans une vente publique régulière, il irait bien à.... trente francs.

— Trente francs ! ah ça ! mon cher, vous perdez la tête du déplaisir d'avoir manqué une si belle occasion. Brunet cite un exemplaire un peu rogné payé 105 fr., il y a 6 ans, à la vente Bourboulon.

— Brunet n'est pas toujours infaillible.

— Voilà la première fois que vous récusez cette autorité, sans doute parce que le livre est à moi. Apportez donc votre exemplaire pour comparer.

— Un autre jour ; il faudrait tout mettre sens dessus-dessous.

— Vous ne me donnez pas ordinairement un tel prétexte.

La querelle paraissait s'animer.

— Je vous l'ai toujours dit, reprit Jehan, vous vous connaissez en éditions ; mais en fait de reliure et de fers vous n'avez pas les bons principes, ou votre vue vous sert mal.

—Durandal, piqué à vif, reprit avec dépit son in-quarto.

— N'en parlons plus. Aussi bien, si l'on s'échauffe trop, la mère Vcchel va nous venir faire un sermon interminable.

— Par bonheur, les verrous sont tirés.

— Et à votre tour, me montrerez-vous quelque nouvelle trouvaille?

Vechel, en bibliophile consommé, avait toujours en réserve quelque pièce friande, pour répondre à un défi de ce genre. Il lui fit voir quelques *plaquettes* assez rares, mais achetées depuis long-temps. Il en baissa de beaucoup le prix réel, sans pouvoir toutefois atteindre au brillant marché de son rival.

Durandal voulant, en bon collègue, apaiser les derniers bouillonnements de son ami, daigna le féliciter, mais avec cet air de jubilation qui laisse assez percer la préoccupation où l'on est de son propre triomphe.

— Voilà trois ou quatre bonnes pièces assurément; mais je gage que vous avez acquis, pour les avoir, quelques douzaines de gros bouquins bons à revendre à l'épicier. C'est votre habitude, et, en véritable ami, je voudrais vous dissuader...

— Excellente habitude, au contraire, à laquelle je devrai des bénéfices énormes le jour où je les remettrai en vente.

— Pour moi, je me suis toujours gardé de ces masses encombrantes; je m'en tiens (à l'exemple de Charles Nodier) à certaines catégories et à des exemplaires de choix, au lieu de me lancer dans toutes les branches indistinctement. Votre système aboutit à jouir peu et à se gêner beaucoup. Mes quinze cents volumes tiennent dans mon petit logement de 350 f.; et vous, dans un appartement de 1,000 f., au cinquième, vous ne pouvez vous retourner à l'aise !

— Allons, décidément, vous avez aujourd'hui emprunté les yeux et le langage de Mme Vechel. Y a-t-il jamais excès de biens ?

— Excès de biens ! Mais vous possédez au moins sept à huit mille in-folio qui se vendraient au poids brut. J'apprécie votre collection sur les villes de France, sur la pêche, sur les drôleries du ménage : voilà l'élite de votre bibliothèque...

— C'est bien heureux.

— Si je m'appelais Jehan Vechel, avant huit jours je n'aurais plus tout ce fatras. Tous ces gros bouquins, l'un portant l'autre, vous rapporteraient peut-être vos déboursés.

— Dites cinq à six fois davantage, répliqua Jehan (voyant bien que son rusé concurrent comptait trouver son compte à la réalisation de ce conseil), supposé que la vente soit bien dirigée et l'époque bien choisie. Parmi ces bouquins en guenilles, il y a des trésors. Citerai-je mes deux exemplaires de *l'Architecture de Ducerceau,* qui depuis six ans ont quadruplé de prix?

— Mais enfin, quand vous déferez-vous de vos *rossignols,* comme on dit dans le commerce? Hâtez-vous, dégagez-vous d'un loyer si lourd, venez près de moi, île Saint-Louis ; ce sera toute économie : votre femme, mieux logée, sera moins maussade, et la vente de vos rebuts vous fournira les moyens d'avoir enfin une bonne, car, à vous parler franchement...

—Le prix de cette vente aboutirait à me procurer l'embarras d'une troisième *femelle*, comme
disait l'Antiquaire de Walter Scott? Je compte
bien, au contraire, l'employer à me donner un
corps de bibliothèque en bois d'ébène, et à re-
nouveler, grâce à Bauzonnet, quelques reliures
décrépites.

— Je relève le mot *femelle*, puisque vous y
comprenez Mlle Marie...

III. — Fin du dialogue.

Jehan sentit, à ce nom, se réveiller en lui
bien des idées; mais c'était toujours, au fond,
la suite de la même conversation. Quand il songeait à donner sa fille à son ami, sa bibliothèque lui revenait à l'esprit, enrichie d'un nouveau trésor. Durandal, en prononçant ce beau
nom, était possédé d'idées analogues. Cepen
dant il ne laissait pas que de s'y mêler quelques images dignes d'un vieux célibataire. La
jeune fille était bien tournée; d'une simple

,manche de percaline sortait une main ravis-
sante. S'il était peu au courant du caractère
féminin, il savait du moins en apprécier les
qualités physiques. Il avait donc, en réalité,
du goût pour la *petite*, en dehors de la perspective de posséder, le cas échéant, la collection
paternelle; mais on peut affirmer qu'il n'eût
jamais songé à prendre pour femme Vénus en
personne, sans l'appendice des bouquins. Il
était dans la situation d'un ambitieux qui adore
une riche héritière, partie pour elle-même,
partie pour sa dot, sans trop savoir ce qui do-
mine en ses désirs. Il reprit :

— Eh bien ! avez-vous fait quelques nouvelles
réflexions sur notre conversation de l'autre soir?
avez-vous sondé sur ce point la mère Vechel ?

— Non ; je ne m'en sens pas le courage. Je
suis très ferme avec elle lorsqu'il s'agit de
m'échapper du côté des ventes, de limiter les
dépenses du ménage, ou de remettre à Pâques
les présents du premier janvier; mais sur un

point si délicat, je redoute une révolte trop énergique.

— Comment ! vous qui possédez sur la gent femelle les livres les plus artificieux, tels que : Le Machiavel des mesnages, l'Art de conduire les fémes a la baguette, l'Eschole de royaulté maritale, vous ne pouvez trouver moyen de l'amener à vos fins?

— A parler net, elle vous déteste de tout cœur ; elle attribue à vos inspirations ma persévérance à compléter mes recueils, comme si je n'avais aucune idée par moi-même !

— Les femmes sont toutes ainsi faites; ma sœur vous a voué la même antipathie.

— Je dois rendre à ma femme cette justice, qu'elle m'est fidèle et soumise presqu'au même degré que la belle Griselidis..... Mais, à propos, et le *Mirouer des femmes vertueuses*, qui contient l'histoire de cette épouse modèle? comptez-vous toujours attraper l'édition originale?

Durandal fut contrarié d'abord de la digression, mais on venait de faire vibrer la bonne corde ; il répliqua :

— J'espère que ce maudit juif finira par céder. Voilà un homme que mon portier nommerait *un vieux dur à cuire !* Il y a bien trois ans que l'affaire est entamée. Heureusement je me console avec la réimpression donnée par Silvestre en 1840. Si l'on était raisonnable, une réimpression suffirait.

— Ouais ! satisfaction bonne pour un profane. A nous autres il faut de la typographie qui ait traversé des siècles, un papier qui exhale un parfum du bon vieux temps. Estimer un livre uniquement pour les idées qu'il renferme, c'est par trop avocat !

— Oui, oui, je le sens bien. Mais ce tyran, ce gredin n'en démordra pas : il veut mon *Greuze.* Je me soucie assez peu d'un tableau, ne sachant nullement apprécier la peinture ; mais si, comme on l'assure, il vaut, au moins, deux mille francs, le livre en question serait dix fois trop cher.

— N'allez pas faire un marché aveugle. Un beau jour, votre usurier (car c'en est un.) aura besoin d'argent; il vous livrera le volume pour une pile d'écus. Il faudrait, au reste, vous informer si votre *Greuze* en est bien un ; connaissez-vous un appréciateur habile?

— Habile , oui ; mais impartial , non. C'est un amateur d'art; or, vous connaissez l'espèce, assez semblable , du reste, à la nôtre : s'il ne convoite pas mon tableau, ce sera un Greuze ; s'il veut l'avoir, une détestable copie. On ne peut sortir de là.

— Allons, je crois que vous n'aurez pas de sitôt votre *Mirouer des femmes vertueuses*. Quand je pense que mon exemplaire à moi me revient à une dixaine de francs ! Je l'achetai en 1840, en même temps que ma *Chronique de Monstrelet.*

— Et combien le tout, en conscience ?

— Environ quinze louis.

— Mais, votre Chronique valant au plus la

moitié de cette somme, votre marché n'est pas merveilleux.

Jehan comprit qu'il venait de faire une brioche irréparable. A cette question : Combien vous coûte cela ? il avait deux réponses en réserve. Tantôt : il citait un bas prix étonnant c'était lorsqu'il s'agissait de livres qu'il était fier d'avoir trouvés ; il exagérait en moins, pour mieux triompher. Tantôt il haussait le prix effectif : c'est qu'alors il avait le projet de revendre. Or, en cette occasion, il s'était trompé de système. Aussi, pour détourner la conversation, il jeta un regard sur sa pendule de style *Pompadour*.

Il ne s'était pas aperçu de la rapidité du temps. Le cadran marquait deux heures et demie, et il lui fallait, avant trois heures, être rendu à l'hôtel Silvestre, pour visiter certaine Bible manuscrite, qui allait se vendre dans la soirée. Il s'agissait de se débarrasser, au plus vite, de son ami, sans l'instruire, et de le dépister. Il était, au reste, bien approvisionné en

ruses appropriées à de semblables circonstances.

— Mon Dieu ! mon cher, excusez-moi : j'ai
donné rendez-vous à mon notaire ; il s'agit de
régler entre nous certains points relatifs à une
affaire d'importance.

— Eh bien ! nous ferons route ensemble.

— Pas long-temps : c'est ici même, au premier étage.

— Comment, votre notaire n'est plus celui
qui dressa, en 1821, votre contrat de mariage ?

— Non. Depuis quelques années...

Durandal ne se doutait nullement de la
vente du soir ; mais sa méfiance s'éveilla, et il
résolut de se tenir sur ses gardes. Il descendit
avec Jehan, qui, arrivé devant la porte écus-
sonnée, salua majestueusement son compagnon, et fit l'homme pressé. L'autre continua
sa route. Le bibliophile tourna le bouton de
cuivre, et se présenta un moment à l'étude,
où il parla au propriétaire, pour la vingtième

fois, de ses cheminées qui fumaient ; puis il reprit le chemin de la rue.

Son rusé compère ne se laissa pas prendre au piége : il guetta de loin la sortie de Jehan, qu'il vit se diriger du côté de la rue des Bons-Enfants, et le suivit à distance.

Ils arrivèrent au même instant à l'hôtel Silvestre.

IV. — Le clerc de notaire.

Au moment où le bibliophile sortait précipitamment de l'étude, le premier clerc y rentrait. Il venait de passer une agréable demi-heure près des dames Vechel, qui avaient agréé sa visite.

Eugène s'était épris d'une passion honnête et sincère pour une jeune personne dont la destinée triste et solitaire le touchait vivement. Sa beauté et ce qu'il avait pu deviner de son caractère lui avaient semblé chose autrement

rare que les plus anciennes bibles de l'Europe.

Autant la présence majestueuse et l'air toujours préoccupé de son père rendait Marie taciturne, timide et presque niaise, autant celle
d'un étranger, pourvu qu'il fût homme du
monde avant tout, communiquait à sa conversation cette bienséance, ce tour d'esprit, ce
charme qui subjuguent. La bonne mine et les
saillies toujours distinguées de l'aimable clerc
contribuaient surtout à donner à ces moyens
de séduction tout leur éclat.

Eugène s'était ouvert franchement à la mère
et avait expliqué sa proposition, tantôt en
amant épris, tantôt en style notarial. Il avait
fait connaître sa famille, sa position, la bonne
volonté de sa mère, qui acceptait comme raisonnable tout ce que son fils unique soumet-
tait à son approbation.

L'entretien fut mis à profit. Pendant que
Marie tapotait sur les touches d'un clavecin
aigre et criard (que Jehan avait acheté un jour,

pour patienter, dans une vente), Eugène déve-
loppa ses projets de bonheur avec une élo-
quence dont madame Vechel fut tout atten-
drie. Elle les jugea pleins de convenance, sous
tous les rapports ; mais le grand point, c'était
de faire entendre raison au bibliophile, c'était
de lui ôter de la tête son amour pour les anti-
quailles, appliqué au futur mari de sa fille. Il
avait conçu pour le jeune homme une sorte
d'antipathie qu'il s'agissait de rompre. S'il en
parlait à sa femme, c'était pour lui dire :
« Quel est donc ce grand *ostrogoth* qui nous
éclairait l'autre soir ? » Vingt fois celle-ci lui
avait décliné le nom et la profession d'Eugène,
il s'obstinait à le désigner par ce sobriquet, ou
par tout autre du même genre.

Eugène, une fois un projet adopté, était résolu à tout tenter pour réussir, et ne se laissait pas facilement décourager.

— Eh bien, madame, voyons ! quelle forme
dois-je prendre pour habituer Monsieur votre
mari à ma personne ? Les gens les plus inflexi-

bles en apparence changent vite d'opinion quand on sait trouver le *joint*, comme disait le jésuite Rodin, d'Eugène Sue.

Après une longue sortie contre la nature intraitable des bibliophiles, madame Vechel termina de la sorte :

— Hélas ! il vous manque une seule qualité pour plaire ici à tout le monde. En vain vous seriez le plus parfait, le plus riche cavalier du siècle; il vous faudrait aimer les bouquins, parler sans cesse de bouquins, entasser vous-même des bouquins sur des planches: alors vous seriez capable de rivaliser avec ce vieux fou qui entraîne mon mari dans des dépenses incurables.

— Voilà donc, à votre avis, le *joint,* le *sine quâ non ?*

— Oh ! pas d'hébreu, je vous prie.

— Mille excuses, madame. Le *sine quâ non* veut dire : la condition indispensable. Eh ! mais, je ne vois pas pourquoi je ne deviendrais pas bibliophile tout comme un autre.

— En vérité, cette manie vous gâterait.

— Ne craignez pas qu'elle s'empare réellement de moi ; j'aurai juste autant de savoir en ce genre qu'il en faut pour *hurler*, comme on dit, *avec les loups*. Si j'ai le bonheur de m'appeler jamais votre gendre, ne craignez pas que mes revenus s'évanouissent en papier noirci ou en parchemins dorés ; ma bibliothèque occasionnera des frais imperceptibles dans mon ménage. Mais, pour arriver à un si noble but, j'adopterai, pour un temps, ce jargon qui vous déplaît tant. J'ai mes projets en tête. D'abord, je vais me procurer un autre *sine quâ non* (bien des pardons !). C'est un certain ouvrage de M. *Brunet,* qui me mettra au courant de mon rôle.

— Ah ! j'en sais assez sur ce nom-là ! on le prononce ici cent fois par jour, ainsi que ceux de *Silvestre, Techener. Bauzonnet, Merlin,* et vingt autres que mon oreille ne saurait plus tolérer. Mon mari me met, malgré moi, au courant de ses folles emplettes. Il m'en a fait collationner de ces in-folio, ainsi qu'à ma pauvre Marie ! Il eût quelquefois même l'imprudence, la distraction de nous en remettre entre les mains !... Heureusement la pauvre enfant n'y débrouillait rien, et je me hâtais de les lui retirer. Il a sacrifié de l'or pour des ordures. Croiriez-vous qu'il a 17 fois les œuvres d'un M. *Rabelais*, un infâme ordurier, un raffiné libertin, qu'il m'affirme effrontément avoir été, sous François Ier, curé de Meudon ? J'ai exigé qu'il les mît sous clef. Je suis bien malheureuse !

— A nous deux, Madame, nous le rectifierons. Il est, au fond, bon père, et s'il réfléchissait mieux sur les affaires de ce monde, il ne souffrirait pas que Mademoiselle Marie...., un beau nom qui désigne un ange de douceur ! épouse une sorte d'orang-outang. Demain, ma chambre sera encombrée de quelques centaines de bouquins plus ou moins recroquevillés. Veuillez, à la première occasion favorable, me signaler comme un amateur passionné.... surtout pour les bibliothèques des autres. Dès

que je trouverai occasion de lui faire une visite, je le rendrai content de moi.

La jeune fille avait plus d'une fois interrom-
pu ses exercices discordants, pour écouter cette
grave conversation. Le peu qu'elle put en sou-
tirer lui causa une joie indicible.

Eugène ne s'en tint pas à des projets ; il alla
dès le lendemain trouver un bonhomme qui,
de portier, était devenu étalagiste. Faire à la
fois un coup de tête et une bonne action ! cette
idée lui plaisait. Il acheta sur-le-champ, sans
explication, et moyennant deux cents francs,
au père Boudinet, tous ses bouquins, gros et
petits, vêtus à toutes les modes. Le vieillard
était confondu, car il n'avait jamais vendu ses
livres que un à un, après de longues discus-
sions sur le prix ; il ne sut comment remercier
sa nouvelle et généreuse pratique. Trois com-
missionnaires, le bonhomme en tête, se diri-
gèrent vers le n° 16. Si Jehan eût assisté à l'arrivée de ce vénérable cortége, il eût été homme
à aider au déballage, rien que pour le plaisir

de fureter ; mais heureusement il ne s'aperçut en aucune façon de cet événement solennel.

Eugène appréhendait de la part du bibliophile plus de critiques que de félicitations. Néanmoins il regarda son emplette comme un grand pas de fait. Il eut le soir bien de la peine à se retourner dans sa petite chambre ; il lui fallut donc, pour achever le sacrifice, acheter le lendemain une grande armoire de noyer.

V. — L'hostel Silvestre.

M. Vechel, de retour vers cinq heures, pressa sa femme de servir le dîner. Il paraissait, à l'intérieur, fort animé ; au dehors, très taciturne. Il venait de quitter, pour y revenir bientôt, cette salle d'où sortent les plus illustres bibliothèques de Paris ; il avait feuilleté cette bible manuscrite, à laquelle il rêvait depuis quinze jours.

Bien qu'il se fût abstenu d'en dire un seul

mot à son rival, celui-ci était au courant, et avait participé aux mêmes avantages. Tous deux pouvaient se dire, comme César : *Veni, vidi;* mais qui des deux était sûr de pouvoir ajouter le dernier mot : *Vici?* C'était là le point capital. Chacun, à part soi, eût donné beaucoup pour voir son antagoniste aux prises avec la fièvre quarte ou un sommeil léthargique. Une lutte acharnée se faisait pressentir, lutte dont la Bible serait le prix, et quelle Bible d'après le catalogue ! — Admirable écriture du XV° siècle, 64 miniatures et 200 lettres ornées ; toutes les pages éblouissantes d'outremer, ruisselantes d'or bruni !

Jehan mangea peu, sans appétit, et au milieu de mille distractions : il cherchait partout ses besicles, qu'il portait, et voulait, à toute force, se verser à boire dans la salière. A peine s'il prononçait un mot qui ne s'adressât à lui-même. Une brochure était ouverte devant lui : c'était le catalogue de vente. Le temps lui semblait d'une lenteur intolérable. Enfin, sa

pendule *rocaille* sonna six heures. Il mit en
portefeuille un billet de mille francs, somme
à laquelle il limitait son ambition, prit sa canne,
et, selon son habitude, avertit sa famille qu'il
allait rue des Bons-Enfants.

Mme Vechel jugea le moment propice à un
premier assaut.

— Je ne serais pas étonnée que vous y ren-
contriez le premier clerc de M. Bodry.

— Qui? ce grand *Visigoth*, à barbe noire, qui
nous saluait hier matin?

— Lui-même. A votre exemple, dit-on, il
aime et accumule les vieux livres; il connaît
un ancien bouquiniste qui lui procure à bon
compte ces prétendues raretés que vous payez
si cher.

Jehan fut renversé de surprise.

— Je ne saurais croire qu'un clerc de notaire
soit fin connaisseur. Et puis quel est ce four-
nisseur mystérieux? Voilà ce qui m'intrigue.
Ma chère Amélia, quand par hasard tu te
mettras à la fenêtre, guette un peu son arrivée

et avertis-moi. Je visiterai bientôt les livres du voisin. Mais je cours au plus pressé.

Il partit la tête en feu, et sans cravate.

Les deux femmes ne purent s'empêcher de rire d'un empressement si préjudiciable pourtant à leurs intérêts ; c'est qu'il est des moments où le comique fait tout oublier.

— Ma pauvre Marie, si résignée, dit la mère en pressant sur son cœur sa chère enfant, sais-tu que tous ces vieux parchemins représentent la dot ? Et pourtant je voudrais que tu sois heureuse, que tu aies un mari jeune et en tout digne de toi !

Puis elle laissa tomber une larme sur la belle et blanche petite main de sa fille, qui, émue à son tour, embrassa sa mère en rougissant et sembla répéter avec elle : « Oh oui ! je veux qu'il soit jeune et aimable ! »

Cependant il se préparait, au n° 30 de la rue des Bons-Enfants, une scène des plus pathétiques, dans une salle habituée, depuis longtemps, à des luttes passionnées.

3.

Vers le milieu de cette rue sale et sans trot-
toirs, est une maison de si chétive apparence,
qu'on passerait dix fois devant sans y voir un
hôtel quelconque. Vous entrez sous une porte
cochère toujours béante. A droite, sous la
voûte, près d'une affiche protégée par un
grillage de fer, vous trouvez un petit escalier
raide et si étroit que deux personnes ne passent
guère à la fois que de profil, pourvu que le
profil ne soit point par trop exubérant. Cette
échelle aboutit non pas à une porte, mais à
une percée pratiquée dans un des coins de la
chambre, un véritable escalier de cabaret. Au
débouché, on se reconnaît dans une salle nue,
mal éclairée par deux fenêtres donnant sur la
rue et dépourvues de rideaux. Au milieu de la
salle, une table de chêne, qu'ont polie les cou-
des du public, figure une sorte de T ; autour,
quelques chaises de cuisine. De deux côtés,
contre le mur, des bancs à deux étages ; sur
un pan de muraille qui forme retour d'équerre
avec les fenêtres, un grand poêle de faïence en

mauvais état. Et pourtant c'est un lieu vénéré, on y voit rouler de l'or, on y juge toute la littérature des siècles passés.

Sur le mur qui fait face au poêle, est adossé un corps de bibliothèque d'un bois très commun, où de temps à autre sont renfermés des trésors *bibliophiliques* représentant une soixantaine de mille francs. De 1 heure à 3, on est admis à visiter les livres qui, le soir, joueront un rôle plus ou moins important. D'énormes in-folio se vendront au poids du papier; mais, à côté, des livres à peu près impalpables et minces comme une assiette s'adjugeront à celui qui couvrira d'or cinq ou six fois leur surface. Il y a, certains soirs, en cette salle, plus de frais d'intrigues et de diplomatie que dans une séance de conseil d'état. Là se donnent rendez-vous les libraires, les érudits, les savants distingués; le millionnaire y est assis à côté du pauvre étalagiste en plein vent. Depuis plus de vingt ans, j'ai vu cette chambre européenne fréquentée à peu près des mêmes visages; les heures, les habitudes, les quinquets, le poële, rien n'y change, les livres exceptés. Les plus rares morceaux des collections princières ont passé par là. Aujourd'hui (décembre 1847), les prix de 1827 sont plus que triplés à l'égard de certains ouvrages, et, en sens inverse, certains autres, très prisés sous l'Empire, par exemple : la GRANDE DESCRIPTION DE L'ÉGYPTE, tombent de 80 pour 100. Tel est le sort des livres et des destinées humaines !

Jehan et son ami, attirés chacun de son côté par les appas de la Bible manuscrite, arrivèrent en même temps, et se coudoyèrent, sans se dire un mot, dans l'étroit escalier.

On vendit, pendant deux heures, des livres peu importants, sous les yeux de nos deux amis, qui ne laissèrent pas de risquer quelques enchères, rien que pour se faire la voix.

Un quart d'heure avant la mise sur table de la Bible en question, les amateurs sentirent circuler du froid dans leurs membres, et s'opérer en eux une sorte de constriction dans l'appareil vésical, ainsi qu'il arrive à l'approche de toute émotion vivement appréhendée.

Enfin! parut le manuscrit, et l'anxiété fit place à la passion ; chacun de se grouper autour du maitre volume, chacun de le louer ou de le déprécier, tout en le dévorant des yeux.

Malgré le nom de Silvestre donné à la salle, le véritable souverain du lieu se nomme Techener, libraire instruit et expérimenté, doué d'une physionomie qui exprime la vivacité et l'intelligence. Nul ne sait mieux apprécier les vieux livres, ni surtout le fond du cœur d'un bibliophile. Il devine, rien qu'à la mine, celui qui convoite avec ardeur, — celui qui se soucie médiocrement. Depuis 20 ans il siége derrière l'armoire, la face tournée vers le poêle.

— Allons, Messieurs! la Bible, le *bouquet* de la soirée! il y a marchand à 600 francs.

Sur huit amateurs, quatre se retirèrent en arrière ; puis il s'établit un silence qui se prolongea quelques minutes au milieu des chuchoteries. Tout à coup Jehan se réveilla, et, soit ruse de guerre, soit distraction, eut le courage de s'écrier : Deux cents francs !

— Il y a marchand, *de mon côté*, à 600, répliqüa le président, en souriant avec majesté.

Enfin, un des quatre concurrents commença à s'éveiller, et trois minutes après on en était à deux mille francs. Le père Vechel, à l'exemple de son compagnon, avait laissé monter l'enchère, se contentant de feuilleter le livre saint, non sans trembler d'envie et d'impatience.

— A deux mille francs, personne n'en veut plus?.. c'est bien entendu? une fois, deux fois.., disait un gros joufflu.

— Vous en aurez du repentir, Messieurs, ajouta Techener, le plus habile *éperonneur* connu en pareil cas. Les miniatures sont magnifiques....

— Cinq francs, dit une voix. C'était ce scélérat de Durandal.

— Eh bien! deux mille trente, s'écria Jehan tout animé (il s'était dit tout bas : Je me pas-

serai bien du paletot vert-pomme que je comp-
tais avoir cet été !

— La reliure est de Duru ! reprit l'expert.

— Deux mille trente-cinq ! — cinquante ! —
soixante ! — quatre-vingts, — dix, — quinze,
— dix-neuf !

C'était un feu roulant. Jehan avait dépassé
de beaucoup la limite du billet de banque ; mais,
« Bah ! pensait-il, j'ai promis à ma femme un
cachemire Biétry, remettons cela à Pâques : le
sien est encore présentable. » Et il ajouta un
franc.

— Je n'en veux plus ! cria Durandal. Cela
voulait dire : J'en veux plus que jamais.

M. Techener avait ainsi interprété le son de
voix altéré du renonciateur.—Messieurs ! nous
ne pouvons nous arrêter là : 64 miniatures et
200 lettres ornées !

Le voisin si décidé ajouta cinq francs.

— Deux mille cent cinq francs ! une fois,
deux fois, trois fois...

Ma fille, pensait Jehan, a une chaine d'or

qui est bien surannée : ajoutons-en le prix. Je lui en rendrai une à la dernière mode, après la vente de mes sept mille bouquins inutiles. — Eh bien ! deux mille cent cinquante !

— Je ne mets plus que cinq francs, dit l'autre ; puis il se rassit, baissant la tête et paraissant prêt à inscrire gravement sur le catalogue le prix d'adjudication.

— Ah ! Messieurs ! reprit le président, si MM. tels et tels étaient là ! une Bible unique ! conservation parfaite !

— Parfaite ! dit un bonhomme qui assistait aux ventes uniquement pour passer chaudement ses soirées, voilà une mouillure et une piqûre ! Et il montrait le feuillet détérioré.

Il faut savoir que, lorsqu'une vente est en bon train, une critique a toute la force d'un éloge ; une petite défectuosité est, pour le bibliophile, comme une mouche de taffetas sur un beau visage de la cour de Louis XIV. M. Techener comprend si bien cette vérité, qu'il se hâte, quand son volume est lancé, à signaler quelque menu défaut inaperçu. Il le fait avec un aplomb, un air de triomphe auquel rien ne résiste. — Messieurs, fit-il, s'il vous plaisait de recommencer l'enchère?

— Eh bien! dit Jehan, s'il y a piqûre, cinq francs de plus pour la piqûre!

— Messieurs, le titre est un peu raccommodé dans le coin du haut.

— Alors deux mille cent soixante-cinq! cria Durandal, croyant porter le dernier coup.

Jehan ne répliqua plus. On eut beau le solliciter, on n'obtint de lui qu'un signe de tête négatif. Son rival, si près d'être adjudicataire, se demandait déjà à lui-même s'il devait se réjouir ou se désoler.

Vechel avait médité son jeu avec justesse. Au moment où il vit le marteau d'ivoire se lever pour sonner l'heure fatale, il ajouta cinq francs.

Durandal hésita : il se passait en lui tant de mouvements en sens contraire, que l'irrésolution le rendit muet. Le commissaire-priseur, fatigué de répéter son éternelle litanie, tenait le bras toujours levé, car ses yeux exercés avaient l'assurance que le combat allait finir. Il prononça les trois mots d'usage ; il les répéta une seconde fois. — Adjugé pour deux mille cent soixante-dix francs !

Le marteau avait frappé la table. Ce coup terrible procure toujours une vive émotion, comme tout ce qui annonce un fait conclu, irrévocable. L'adjudicataire s'empara de son livre. Il était trop connu pour n'avoir point le droit de l'emporter à crédit. Les deux bibliophiles sortirent ensemble de la salle, tous deux assez penauds : l'un fâché de ne point posséder, l'autre de posséder à si haute condition. C'est toujours comme cela. Toutes les ventes offraient à ces deux hommes inséparables les mêmes épisodes, la même issue ; pour en revenir amis, il fallait qu'ils n'en rapportassent rien ni l'un ni l'autre.

Jehan sonna à sa porte d'un air timide, car il redoutait les questions féminines. Il avait ré solu de baisser des deux tiers le prix de son emplette, mais c'était déjà beaucoup que ce qui restait à annoncer. Madame Vechel, à l'aspect du gros livre, eut un pressentiment que ses épaules ne seraient pas, de long-temps, ombragées du cachemire tant promis; aussi, malgré ses principes en fait de religion, envoya-t-elle *in petto* le livre saint à tous les diables.

Le lendemain, le bibliophile osait à peine regarder son cher manuscrit. Il en trouvait, du reste, les miniatures magnifiques, la reliure parfaite; mais il s'avouait malgré lui qu'il avait souvent tiré d'un simple volume, payé dix francs, une joie plus sincère.

VI. — Un bibliophile novice.

Eugène fit un dernier sacrifice : il acheta le *Manuel* de Brunet, et, chaque soir, se mit à le parcourir avec un courage que l'amour seul peut inspirer. Au bout de quelques jours, grâce à son étonnante mémoire, il se sentit déjà de force à converser d'incunables, d'éditions elzéviriennes, de maroquin du Levant, etc.

La prédiction de Madame Vechel tarda peu à s'accomplir. Son mari alla visiter le grand *Ostrogoth*, qui le reçut avec une courtoisie empressée.

A l'aspect de tous ces bouquins, revêtus la plupart d'un vieux parchemin enfumé, Jehan éprouva d'abord une vive émotion de fureteur, et mit peu d'attention aux premières formules de civilité, distrait qu'il était par le désir de remuer tout cela.

. Eugène commença sa campagne diplomatique. — Monsieur serait-il, par hasard, descendant du libraire-éditeur si fameux sous François Iᵉʳ, Chrestien Wechel, rue Saint-Jacques, à l'escu de Basle?

Cette question flatta le bibliophile sous deux rapports. Il répondit qu'il s'en faisait gloire, et qu'il méditait un livre pour prouver cette généalogie, malgré la différence du W. Eugène le félicita, et nomma toutes les éditions de Wechel présentes à sa mémoire, non sans écorcher un peu les titres, que Jehan redressait tout aussitôt.

Ce dernier brûlait de savoir, tout d'abord, à quelle sorte de bibliophile il avait affaire. L'espèce en est très variée : on en voit rendre un culte exclusif, qui au maroquin de la reliure ou aux armoiries des plats, qui à la perfection des fers ou à l'état de la marge, qui enfin au mérite du texte, et ces derniers sont peut-être en fort petit nombre.

La meilleure preuve du goût de son nouvel émule était assurément dans l'inspection même de ses livres. D'abord, leur état délabré n'annonçait guère le *maroquiniste*.

Eugène, qui observait à froid, remarqua de suite le secret sentiment de mépris qu'inspiraient au voisin les haillons de ses bouquins, aussi se hâta-t-il de parler le premier.

— Tous ces livres ne sont guère précieux : c'est la défroque d'un vieux chanoine; les pa-

roissiens y dominent, et non des plus beaux.
Mais j'ai des projets plus élevés. Le seul mérite de cette chétive biliothèque, c'est de m'a-
voir inspiré le goût le plus noble que puisse
contracter un homme heureusement placé en
ce monde : j'étais né bibliophile ; seulement,
faute de loisir, je n'ai pu, jusqu'ici, mettre mes
projets à exécution.

Jehan lui serra la main, avec un air de pro-
tection admirable. — Je vous approuve, jeune
homme, quoique vous soyez pour moi un
concurrent de plus.

— Il n'y paraît pas encore, mais cela viendra. Laissez passer quelques mois, et vous ver-
rez ici des morceaux dignes de votre estime.

Le père Vechel parcourut tous ces volumes,
pour la plupart ineptes et sans valeur. Mais
cette mesquinerie même lui causa du plaisir.
Il fut enchanté d'avoir trouvé un bibliophile
épris et connaisseur, mais possesseur fort pauvre. Il aurait là, sous sa main, un voisin capable d'admirer ses vastes domaines ; c'était,

pour son amour-propre, une satisfaction qui lui manquait. Il reprit :

— Tout cela ne produirait pas cent francs en vente publique ; mais il suffit que j'aie, à quelques mots, découvert en vous le feu sacré, pour me déclarer votre ami. Demain dimanche j'attends votre visite ; je vous ferai voir des choses à vous mettre à genoux devant. Vous saurez les apprécier, j'en suis sûr, car vous m'avez l'air franc et instruit. Je veux contribuer à vous former.

Tout en parlant ainsi, Jehan tenait un petit in-12, dont il ne pouvait se dessaisir. Eugène se douta qu'il avait mis la main sur la perle de son aveugle marché. L'autre, en effet, parcourait le volume en hochant la tête. C'était une édition de 1520, brochée, selon l'ancien usage, en parchemin, avec la marge rognée ; le texte était français, les caractères gothiques. Il avait pour titre : LES FAULSES IOYES DU MESNAGE.

— Vous avez là, Monsieur, un opuscule qui me conviendrait, non pour lui-même ; il n'est pas précisément rare, mais il figurerait assez bien dans certaine catégorie de ma bibliothèque. Si vous ne craignez pas de déroger en me le revendant, je m'en tiendrai à votre prix d'estime. Par exemple, accepteriez-vous celui qu'indique le Manuel de Brunet, « vendu, en 1820, dix francs à la vente Baudry? »

Le premier mouvement d'Eugène fut de lui en faire présent. Mais il se souvint à propos d'une sentence de madame Vechel, qui connaissait le terrain : « Offrir gratuitement un livre à mon mari, c'est risquer de passer à ses yeux pour un niais ou pour un ignorant. » En conséquence, il fit le difficile, se mit à louer son livre avec une exagération comique, et refusa positivement de le céder à aucun prix. Il consentit seulement à l'échanger, et pria en tout cas son voisin de l'emporter d'avance pour l'examiner à son aise.

Sa résolution donna, en effet, à Jehan, une haute idée de son caractère, et lui fournit occasion de combiner un échange, occupation fertile en émotions de son goût.

Éugène passa toute la nuit à relire son Manuel et à préparer son rôle avec la finesse d'un vieux renard.

VII. — L'échange. — Le sanctuaire.

Jehan n'avait rien de plus pressé, chaque matin à son réveil, que d'examiner sa Bible. Ce jour-là il eut l'idée de la comparer avec une autre, payée beaucoup moins cher l'année précédente. Les miniatures de cette dernière étaient moins nombreuses, mais plus finement exécutées. Peu à peu, il se laissa aller à un vif regret et à des imprécations contre son acharné rival, qui le forçait à frapper monnaie avec les bijoux de sa chère Marie.

De son côté, Durandal se reprochait sa mollesse : s'il se fût découragé moins vite, il jouirait maintenant d'une Bible nompareille !

On croirait, à voir ces mutuelles dispositions,

que l'affaire était facile à arranger ; mais, entre amateurs passionnés, les choses ne vont pas d'une manière si coulante. — Si j'offre l'échange, pensait Vechel, il sera refusé par méfiance de quelques défauts cachés ; s'il est accepté, un autre possédera un trésor égal au mien, — idée toujours pénible pour l'orgueil d'un bibliophile.

Chacun d'eux attendait les avances de son voisin. Durandal hasarda la première démarche. Il offrit trois volumes rarissimes sur les infortunes conjugales, sortes d'ouvrages spécialement appréciés de son ami ; il ajouta une dizaine de bouquins plus ou moins précieux, et, enfin, douze cents francs de numéraire en retour. Jehan affecta plus que jamais d'être ravi de son emplette, et de mépriser la proposition. Après deux jours de pourparlers, il y eut enfin rapprochement et conclusion. Vechel fut enchanté de s'être dégagé, en partie, d'une dette un peu lourde. Quant au cachemire de sa femme, les choses en restèrent au même point.

Cette condescendance réciproque avait eu en partie pour mobile le projet de mariage ; il en fut même question, et Jehan, sans prendre un engagement formel, dit qu'il y songeait, et avait déjà rédigé une sorte de plan qu'il ferait voir à son notaire. Durandal se retira, joyeux possesseur du saint manuscrit.

Une heure après son départ, la sonnette vibra : c'était Eugène qui profitait de sa liberté dominicale et de l'invitation. Il surprit le bibliophile dans une veine superbe de belle humeur, fut accueilli avec toute l'aménité imaginable, et convié tout d'abord à déjeuner en famille, sous condition de n'y point parler de livres. Il accepta avec une satisfaction indicible, et promit, en souriant, d'être discret.

Il put admirer à son aise l'unique objet de toutes ses pensées. La toilette de Marie consistait en une robe de laine noire, couleur que Jehan estimait spécialement, et imposait même aux deux femmes comme mieux séante et plus économique. Il citait sans cesse, à ce sujet, l'ancienne coutume de Venise, où le noir (la couleur noble par excellence) tapissait jusqu'aux gondoles de luxe.

Cette étoffe relevait admirablement la peau blanche et fine de Marie, et l'incarnat de son visage en tirait un nouveau lustre. Le repas, modeste comme un vrai déjeuner de clerc, parut au soupirant égaler les plus célèbres banquets, puisque la belle main de Marie avait concouru à l'apprêt de ces mets vulgaires.

Madame Vechèl fut étonnée des rapides progrès du jeune homme auprès de son époux. Chacun parut content de soi; Jehan seul éprouva un instant de remords en songeant qu'il avait oublié l'ami Durandal. Puis il réfléchit que sa femme eût gardé un air sec et réservé préjudiciable à la fête, et il s'en consola. Mais, à la fin du dessert, il se rappela sa promesse.

— A propos, Monsieur le premier clerc, j'ai à vous soumettre un acte rédigé à ma façon. C'est un projet d'union...

— Songe-t-on à ces choses-là à table? dit Mme Vechel d'un air contrarié.

Marie baissa les yeux avec tristesse, puis les releva à demi vers Eugène, et sembla lui dire : Défendez-moi.

Le jeune diplomate comprit ce regard furtif et en tira un bon augure. Il prit gaîment le papier.

— Je vais m'occuper de cette grave affaire. J'arrangerai cela dans les règles et comme pour un ami.

Et il échangea avec la mère un signe d'intelligence. Il était ravi qu'on l'eût choisi pour cette consultation, parce que rien ne pourrait s'accomplir à son insu. Il ajouta, après avoir jeté un coup d'œil sur le contenu :

— Ah! il s'agit de M. Durandal? Ce nom m'est très connu... Un bibliophile distingué, ma foi! avec qui je compte bien avoir des relations par la suite.

Jehan témoigna une surprise mêlée d'une pointe de jalousie.

Le dernier verre de médoc épuisé (ce fut l'unique *extra*), le père se leva, pressa la main d'Eugène en l'appelant «digne jeune homme», et l'entraîna vers son *sanctuaire*, bien résolu à lui faire payer le plaisir d'une si douce entrevue. Ils passèrent ensemble trois grandes heures dans la salle des livres de réserve, toute parfumée d'une odeur agréable (d'autres diraient suffocante) de maroquin et de cuir de Russie. Eugène ressentait une joie intérieure qui put passer pour une émotion de bibliophile : il s'était fait un masque de son amour.

Comme il n'avait cessé d'apprendre, en compagnie de M. Brunet, les noms techniques et ces petits riens qui dévoilent le *truc* du métier, il sut féliciter le bibliophile avec goût et connaissance des choses. En un mot, il joua si bien son rôle, que le père Vechel, enchanté, se prit à se dire à lui-même : Si cet aimable compagnon avait autant de livres rares que de jugement, je crois que j'en ferais volontiers mon gendre. Il profita, au reste, largement, pour ne pas dire abusa, d'une bonne volonté si décidée. Son avidité de montrer allant croissant, il tira de ses tablettes des livres enfouis depuis vingt ans, et doués, à ses propres yeux, du mérite de la nouveauté. A force d'en déplacer, pour prouver telle ou telle assertion, il en joncha le plancher, les tables, la cheminée, les fauteuils; l'habit d'Eugène était, à la lettre, devenu gris d'une noble et vieille couche de poussière.

Je ne détaillerai point ici tous les volumes qui furent, je ne dirai pas lus (ces livres-là se lisent rarement), mais feuilletés, en cette occasion. La description serait fastidieuse. On n'a qu'à parcourir le Manuel déjà cité; on y trouvera, à quelques exceptions près, tous les ouvrages que pouvait posséder Jehan, et mille et mille autres qu'il ne possédera jamais; car vouloir compléter une bibliothèque, c'est entreprendre de mettre à sec le lac de Genève.

Le clerc vit avec un secret plaisir arriver la fin de ces démonstrations, car il avait épuisé

toutes les formules de congratulation possi-
bles. Mais l'épreuve n'était pas terminée : il
n'avait pas encore contemplé le saint des saints,
la chose qu'on enferme sous triple clef, comme la couronne de fer (laquelle est d'or) con-
servée à Monza, près Milan. Certaine petite
armoire contenait 132 volumes grands ou petits, parfaitement soignés pour la reliure. Quelques in-12 portaient un habit ancien ou mo-
derne, du prix de 50, 100, ou même 200 fr.
Le costume plus que simple du maître de la
maison témoignait assez que les livres absor-
baient tous les bénéfices du tailleur.

Eugène fut obligé d'inventer de nouvelles phrases de félicitation plus ou moins excentriques.
Tout en reconnaissant le mérite d'une collection bien faite, il se demandait comment on est
amené à interdire à sa famille tous ces petits
plaisirs qui font le bonheur de la vie, pour leur
substituer avec égoïsme de minces petits cahiers
couverts d'une peau dorée. « Rien de mieux,
pensait-il, mais seulement quand on est assez

riche poùr suffire à la fois à ces dépenses et à toutes celles que le rang exige. » Il était, comme on voit, plus philosophe que bibliophile. Jehan le tira de ses réflexions pour lui dire :

— Vous sentez, jeune homme, toute la valeur de ces cent trente-deux volumes réunis. Mon armoire ferme à secret, parce que ces ouvrages ne doivent jamais frapper les yeux des dames. Leur ensemble forme un recueil unique des plus piquants écrits pour ou contre un certain état marital qu'on plaisante sur tous les théâtres, et dont nous évitons de notre mieux la réalité. Tous ces volumes traitent du cocuage. Histoires de maris trompés, consolations sur la chose en question, poésies y relatives, etc. Tenez, voici deux petits manuscrits fort plaisants, ornés des miniatures les plus drôles; voulez-vous voir des pièces incroyables, introuvables, inappréciables? examinez. Voici la DANCE MACABRÉE DES COQCVZ, *Paris*, 1506; LA FLEVR DES CALAMITEZ DU MARIAIGE,

1517; LA DOULCE CŌSOLACION DES MARYS NA-
VRÉS, 1523; LES MARYS JALLOUZ PRINS A LA PI-
PÉE, 1562; L'APOLOGIE DES CORNARDS, *Lyon*,
1601, etc., tous livres illustrés de figures sur
bois ou sur cuivre. Trouvez-vous mon *enfer*,
comme on dit chez les Jésuites, assez joliment
peuplé?

Eugène se disait à part soi : « Je ne com-
prends pas qu'un homme marié estime à ce
point ces sortes de livres. Serait-ce par l'effet
de ce plaisir qui nous fait trouver magnifique
la tempête vue du port? »

Réfléchissant ensuite aux ennuis qu'une passion si égoïste avait dû causer à sa femme, et
jetant un regard sur le visage *bienheureux* du
bibliophile, il ne put s'empêcher d'ajouter :
« Qui sait si le bonhomme n'a pas ri vingt fois
de sa propre histoire? » Puis, pour l'honneur
d'une dame susceptible de devenir sa belle-
mère, il se hâta de désavouer une réflexion
trop hasardée, pour approuver la dissertation

un peu prolixe de Jehan, qui commençait à s'enrouer.

—En définitive, dit le clerc, quelle est la plus rare de toutes ces pièces admirables?

—La plus rare, c'est ma DANCE MACABRÉE, de 1506; mais... ajouta-t-il d'un air dolent et en soupirant comme un amant en peine, il est un livre, exemplaire unique, que je convoite en vain depuis des années; il comblerait une lacune de cette armoire et tous mes souhaits ici-bas. Un seul homme le possède, et jamais le besoin ne le forcera de s'en dessaisir. En échange de ce livre, je donnerais la moitié de ma bibliothèque, moins ces 132 volumes. Je sacrifierais 15,000 fr., et plus, s'il fallait le disputer aux princes de l'Europe.

— Le titre de cet ouvrage?

— A quoi bon vous le citer?—C'est déjà une sorte d'avantage de savoir qui le possède; mais comment me reviendrait-il? On en a offert, sans succès, des prix incroyables. C'est cette impossibilité même de l'avoir qui trouble mes

nuits. Je vous l'avouerai, à vous, qui êtes des
nôtres, j'ai rêvé cent fois que je baisais avec
transport ce livre tant désiré ; mais, hélas ! ce
ne sera jamais qu'un songe, et cependant je
donnerais tout...

— Tout ? c'est une manière de parler. Ce
mot comprend bien des choses. Ainsi... accorderiez-vous la main de Mlle Marie à un
homme, quel qu'il soit au physique (je ne dis
pas au moral), qui vous apporterait ce morceau
rare et friand ?»

Jehan le regarda fixément, et parut deviner
sa pensée. Il hésita quelque temps, puis répondit :

— Oui, oui, je ne m'en dédis pas ; avec la
condition d'honnêteté, s'entend.

— Vous en donneriez votre parole d'honneur ?

— Dix fois de suite ; mais sous une seconde
condition : c'est que ma fille, consultée, accep-
terait.

— Cette réponse est d'un bon père, puisque

vous aimez assez votre fille pour admettre son consentement comme clause essentielle.

Eugène avait cru le bibliophile, au fond, plus égoïste : aussi lui serra-t-il si cordialement la main, qu'il le vit tout ému. Puis il reprit avec la dignité du savant :

— Je tiens à ignorer le nom du possesseur, de crainte de passer moi-même de mauvaises nuits; mais je serais curieux de connaître le titre.

Jehan se décida à l'inscrire sur une carte, d'une main mal assurée :

Sensuyt la chronique piteuze des coculz célèbres ès païs de Frāce et aultres lieuz. *Paris, Chrestien Wechel, à l'Escu de Basle.* Sans date, 104 feuillets, 13 estampes sur bois.

—Si jamais, dit Eugène, je venais à en trouver un second exemplaire...

—Il ne peut s'en rencontrer deux au monde.

— Pourquoi pas?

— Parce que... un je ne sais quoi me l'assure.

—Eh bien ! quoi qu'il en soit, je chercherai.

Jehan, à ces mots, éclata de rire.

—Naïf et confiant jeune homme, c'est comme si vous me disiez : je vais m'emparer d'un trône vacant, quelque part.

— Je le répète, je chercherai. Mais il faut, ajouta-t-il en regardant à sa montre, que je me rende auprès de ma mère, qui m'attend. Je vous souhaite le bonjour, ou plutôt de meilleures nuits. Soyez plus philosophe et plus résigné. Ne le suis-je pas, moi, qui aspire ainsi que vous après un objet rare, unique, et, sans contredit, plus précieux qu'aucun livre au monde ?

VIII. — Ce propriétaire d'un livre unique.

Tout le reste du jour Eugène fut en proie à une préoccupation bien naturelle. Il lui parut, au premier abord, impossible de rencontrer un second exemplaire du livre si ar-

demment convoité. Mais il était fécond en ex-
pédients, et se plaisait même à aller au devant
des problèmes difficiles, pour se donner le plaisir de les résoudre.

Il lui vient d'abord à la pensée de consulter
une somnambule, ne fût-ce que pour se divertir ; puis son scepticisme sur cette matière
lui fit regarder une telle démarche comme du
temps perdu. Il réfléchit que, si ce moyen était
réellement fertile en résultats, on l'applique-
rait depuis long-temps à la recherche de mille
trésors tout aussi importants que la *Chronique
piteuse*.

Il prit un plus sage parti : il interrogea le
Manuel de Brunet et trouva le titre de l'ouvrage. Il apprit que l'exemplaire réputé unique avait été imprimé pour Louis XI, qui aimait
à rire aux dépens des gens habilement dupés.
Vendu, en 1793, 50 fr.; — sous l'empire,
1,360 fr.; — sous Charles X, 3,435 francs, ce
vre, en 1834, fut adjugé pour 6,700 fr. à un
riche bibliophile dont Brunet citait le nom.

Sur ces données, il consulte l'Almanach des 500,000 adresses ; apprend que le possesseur est un pair de France, et se rend à la demeure indiquée. Le suisse lui répond que le duc de Calame est décédé et a légué sa bibliothèque. Le bonhomme n'en peut dire davantage. Mais alors l'habile diplomate fait briller une pièce d'or, argument péremptoire pour un suisse, comme l'écu de cinq francs pour le simple portier. Le suisse s'informe sur-le-champ, et désigne bientôt le nom du notaire chargé des legs du défunt.

Eugène se sent en bonne voie et va trouver le susdit fonctionnaire ; celui-ci, qui le connaissait un peu, à titre de premier clerc, lui nomma, après quelques recherches, le comte de Gersey, rue du faubourg Saint-Honoré, comme légataire de la bibliothèque. Il l'autorisa, en outre, à s'appuyer de son nom pour se présenter.

Il y avait déjà pour Eugène grande probabilité de voir le volume, mais de la vue à la possession le pas était immense ; cependant il ne s'agissait pas de se décourager. Le soir même, il appliqua toute sa rhétorique à tourner une lettre en termes si convenables, que le succès fut infaillible.

Le lendemain il lisait cette réponse : « M. de Gersey aura l'honneur de recevoir M. Eugène B... à l'heure qui lui sera la plus commode, et, en cas d'absence, fera tenir le volume à sa disposition. Il sympathise toujours avec les érudits et les artistes, et se fait un plaisir de leur communiquer les pièces importantes de son cabinet. »

Eugène obtint facilement de son patron deux heures de congé — pour une affaire de conséquence.

Le comte n'était pas spécialement bibliophile, mais amateur de toutes sortes de curiosités. Tableaux, sculptures, émaux, livres, etc., il avait un peu de tout, mais des pièces de choix et chèrement achetées, car ses fonctions publiques l'obligeaient à consacrer peu de

temps aux projets artistiques.-Quoiqu'il n'eût
pas le loisir de parcourir les catalogues, ni de
suivre les ventes, les plus rares morceaux ne
laissaient pas de lui arriver de temps à autre,
par l'entremise d'un pourvoyeur judicieux, qui,
à prix élevé, lui épargnait le dérangement. Il
était ainsi privé du plaisir de fureter lui-même
et d'éprouver ces émotions de l'enchère qui
doublent la satisfaction de posséder.

C'était un ci-devant jeune homme de 47 ans,
aimant tout ce qui est précieux et vraiment
beau, en tout genre, les dames comprises.
Dans sa jeunesse, il raffolait des voyages; il
visitait les vieux couvents, les musées et les
bibliothèques publiques. Il avait ainsi contrac-
té du goût pour l'archéologie et les arts.

Eugène, accueilli avec une extrême affabi-
lité, put enfin voir le fameux livre unique. Il
en tourna et retourna chaque feuillet, lisant çà
et là au passage quelques phrases; elles lui
parurent, en général, plus naïves que spiri-
tuelles, comme en offrent la plupart des li-

vres satiriques de cette époque. Il connaissait cent ouvrages qu'il eût préférés à celui-ci. L'impression vive qu'il ressentit fut donc moins d'un bibliophile que d'un amant ; ce livre le touchait uniquement à titre d'instrument possible de son bonheur. Le comte prit son émotion pour de l'enthousiasme artistique.

— Eh bien ! jeune homme, votre curiosité est-elle satisfaite ? la réalité répond-elle à votre attente ?

— C'est un trésor précieux sous plus d'un rapport ; mais, s'il m'appartenait, il aurait une qualité de plus.

L'attention du comte parut piquée ; il sollicita la clef de l'énigme.

— Le secret ? reprit Eugène, que la physionomie bienveillante du questionneur encourageait, il va vous surprendre. Je vous l'avouerai sans détour : sachez donc que ce livre de 104 feuillets ferait le bonheur d'une jeune fille de seize ans, aussi belle, aimable et honnête, qu'on puisse l'imaginer.

Le comte aimait à parler jeunes filles. Cette réponse l'intrigua.

— Comment ? une jeune personne honnête... convoiterait un tel livre ? je plaindrais son futur mari.

— Ce n'est pas ainsi qu'il faut l'entendre : supposez un bibliophile qui ait promis sa fille accomplie à l'homme qui enrichirait sa collection de votre volume.

— Je vous remercie, Monsieur ; je cherchais un sujet neuf de vaudeville, un dénouement original : le voici trouvé, si toutefois vous me permettez de me servir de votre excellente idée. Mais, savez-vous que vous m'en donnez presque une autre ? Je pourrais me mettre sur les rangs avec avantage. Du reste, je ne profiterai pas de la position ; un célibataire arrivé à quarante-sept ans ne doit plus changer de système. En vérité, je souhaiterais de voir, par curiosité, le père de la jeune personne ; ce doit être un homme singulier !

— Si monsieur voulait, un matin, m'honorer

d'une visite, je lui ferais connaître M. Vechel,
bibliophile des plus instruits.

Il n'osa parler de Marie, par un sentiment
de méfiance involontaire.

— Mais ce nom de Vechel m'a été souvent
cité. Vous serez donc mon introducteur; quant
à mon livre, je le déclare d'avance, je n'ai aucune intention de le vendre ni de l'échanger,
c'est un souvenir d'amitié; mais je le montre-
rai avec plaisir au père Vechel, qui en jouira à
son aise tout aussi bien que moi-même, car un
livre ne se mange pas; le voir c'est presque le
posséder.

— Hein! je crains plutôt que la tête ne lui
tourne, à la vue d'un objet si ardemment
désiré.

— Du reste je réfléchirai, j'interrogerai ma
conscience et verrai ce que je puis faire en votre faveur, car je vous suppose le rôle de soupirant. Mais, avant tout, je tiens à voir toute
la famille (Eugène ne put se défendre d'un
second mouvement de jalousie). C'est une idée

fort. drôle qu'un célibataire pût aider à con-
clure un mariage par l'entremise d'un livre
passablement éhonté, puisque d'un bout à
l'autre il fait l'apologie du cocuage.

Encore un mot de franchise. Si je consentais
à vous céder mon volume en échange, ce serait contre un objet d'art d'une valeur intrinsèque d'au moins dix mille francs; c'est un prix
que j'ai plusieurs fois refusé, je l'affirme sur
mon honneur.

Eugène fut ébloui de tant de chances de succès, mais sans cesser de songer à une rivalité
fatale. Il prit enfin congé de M. de Gersey, et
allait sortir, quand celui-ci lui présentant son
volume :

— Mon cher Monsieur, en attendant une dé-
cision, je vous le prête en toute confiance et
sur votre bonne mine. Vous me raconterez,
quand j'irai vous voir jeudi prochain, l'effet
qu'il aura produit sur ce brave père. Votre récit me fournira des idées pour mon vaudeville,
car je veux absolument en faire un. Vous

connaissez le proverbe : Un honnête homme, pour mourir en paix, doit laisser en ce monde au moins un livre et un enfant...

— Et monsieur le comte a sans doute rempli la moitié de ses devoirs? dit en riant Eugène.

Ce mot plut à M. de Gersey, qui ajouta, en lui offrant sa main :

— Vous êtes un bon viveur et un aimable compagnon. Eh bien donc, à jeudi.

IX. — Grand émoi de Jehan Vechel.

Eugène se crut sous l'empire d'une illusion. Tenait-il réellement sous son bras un objet digne de l'attention et de la convoitise des plus célèbres bibliophiles? Un petit volume à peine épais d'un centimètre, et dont un épicier n'offrirait pas une livre de sel en échange : voilà pourtant la clef de sa destinée! L'air affable du comte ne pouvait cacher une arrière-pensée. C'était un bibliophile assez zélé pour être fier

de son livre, mais, d'autre part, assez homme
du monde pour n'y point tenir comme à la vie.
Il l'estimait dix mille francs; non payables en
numéraire, il est vrai; mais, enfin, qui lui
défendait à lui de trouver un tableau, un
manuscrit, une sculpture équivalant à ce
prix?

Sa mère, à la fois tendre, confiante et riche,
pouvait-elle hésiter à assurer son bonheur à
cette condition?

Cette sorte de talisman était tombé entre ses
mains par une circonstance bien singulière au
premier coup d'œil, et pourtant fort simple. Il
en devint si préoccupé tout le reste du jour,
que ses actes s'en ressentirent; on n'en vit jamais en cette étude qui fussent couverts d'aussi
nombreux renvois.

Dans la soirée, il rendit sa mère confidente
de tout son espoir. Elle approuva tout, et lui
souhaita réussite. Le dîner terminé, il se hâta
de visiter le bibliophile, car il pressentait que
le sommeil lui manquerait à lui-même tant

qu'il n'aurait point vu le volume produire tout son effet sur l'esprit de son voisin.

Il ne risquait pas, comme Durandal, de se fourvoyer en se trompant de porte : des deux côtés il était certain d'être bien accueilli. Jehan vint lui ouvrir.

En ce moment il avait l'air triste et presque maussade, car il était en train de se repentir, toute réflexion faite, de l'échange conclu avec son rival, et de regretter sa Bible absente. Il salua donc assez froidement le jeune clerc ; mais celui-ci, par bonheur, était sûr d'opérer une prompte diversion sur cette âme en peine.

— Je suis mal à mon aise, Monsieur, et si vous venez causer maroquin, peau de truie ou miniature, je crois que demain je serais mieux disposé à vous écouter.

— J'ai pourtant une nouvelle stupéfiante à vous annoncer. — Et il lui laissa entrevoir un petit paquet plat et soigneusement enveloppé.

Le visage du bibliophile se dérida ; à sa tristesse succéda une sorte de vague inquiétude. Qu'était ce livre? allait-on le lui céder?

— Monsieur Vechel, j'ai examiné le projet de contrat.

— Oh! pour l'amour de Dieu! laissons ce sujet de côté, d'autant plus que le futur est un homme... Est-ce délicat de sa part? Voyons! Certainement, les livres qu'il m'a cédés ont une valeur intrinsèque, mais enfin les taches, les piqûres... Et puis ma Bible valait mieux que cela. Je suis toujours dupe, que j'achète, ou que je m'abstienne, que je conclue un échange, ou... La vie est une chose bien dure! Mais qu'avez-vous à me montrer?

— Avant tout, une question : Accorderiez-vous vraiment votre chère Marie à l'honnête homme qui vous procurerait le livre tant désiré?

— Quel livre? serait-ce... Non, ce n'est pas possible.

— Si pourtant je l'avais rencontré? S'il était là, sous cette enveloppe? Mais, je vous prie, répondez à ma question.

Jehan ne savait plus que balbutier oui et non, répétant sans cesse qu'il se refusait à croire le fait ; que si pourtant il était réel...., il ne serait peut-être plus dans la même disposition.

— Comment ! dit le clerc, vous affirmiez hier encore...

— Oui, mais... les circonstances sont changées. J'entendais parler de l'exemplaire réputé unique. S'il en existait un second, aucun des deux ne serait unique, c'est chose évidente.

— Ah ! vous admettez aujourd'hui qu'on puisse en trouver un second ? Si par hasard j'avais consulté une somnambule...

— Le magnétisme animal m'a toujours semblé n'être qu'une drôlerie. Je possède bien des ouvrages sur ce sujet ; mais tout cela est fort invraisemblable. (Au fait, ajouta-t-il en lui-même, j'aurais dû consulter une somnambule.) Mais voyons enfin ce livre, voyons-le, voyons-le...

— Un moment, mon cher voisin : il ne

m'appartient pas encore, mais m'appartiendra peut-être.sous certaines conditions. Malgré votre..réponse peu catégorique, je consens à vous le communiquer; mais, de grâce, éloignez un peu cette lampe : une tache d'huile me mettrait au désespoir. Voilà le bijou.

Jehan, à l'aspect du titre, demeura pétrifié; il courait sans cesse du premier feuillet au dernier. Il consulta le signalement donné par Brunet : pas l'ombre d'un doute.

— Eh bien ! qu'en pense monsieur Vechel?

— C'est une pièce rare, rarissime; mais enfin..... pas unique : c'est-là son défaut. Certes, ce serait une gloire à moi de pouvoir compléter. une série si intéressante... Decidément il n'est pas à vous. Si vous l'achetiez, le garderiez-vous ?

— Supposez un instant qu'il m'appartienne, déchireriez-vous ce contrat, où les noms de Marie et de Durandal paraissent sur la même ligne?

— Oh ! pour ce qui est de ce papier.... de

tout cœur, sans condition. Mais ma fille ne peut épouser qu'un bibliophile... de mon *rang* ; j'entends par là aussi bien monté en livres que je le suis moi-même.

— Si je possédais un volume qui valût, de votre propre aveu, la moitié de votre bibliothèque, ne serais-je pas en voie d'obtenir un certain rang parmi les bibliophiles ?

— Je le répète, ce n'est plus une pièce unique, et d'ailleurs l'exemplaire que signale Brunet, et que j'ai vu, il y a une dixaine d'années, est mieux conditionné ; la marge en est plus belle, la reliure tout autre.

—Si pourtant, c'était ce même exemplaire ? Si le propriétaire me l'avait confié ?

Jehan se leva vivement. —Jamais le duc de Calame n'eût confié ce livre à qui que ce fût au monde, fût-ce à son frère.

— Le duc est mort depuis deux ans.

— Mort ! et je n'en ai rien su ! Eh bien, où sa vente s'est-elle faite ?. Et je. n'étais pas là ! C'est désespérant! Oh ! j'en pleurerai... Un livre qui eût couronné les recherches de toute ma vie ! Mon ami , M. Eugène ! s'il est à vous, cédez-le moi, ou faites-moi connaître celui qui le possède maintenant. Est-ce un homme intraitable ?

En ce moment d'exaltation , il se prit à serrer le livre contre son cœur, à le mouiller de quelques larmes, au grand déplaisir du clerc, à qui les taches d'humidité ou de tabac faisaient craindre une catastrophe.

— Maintenant, veuillez me le remettre. Je ferai tout pour l'avoir, et je vous le livrerai en échange de votre consentement. Mais pour le posséder il me faut trouver un tableau du Corrège, un chef-d'œuvre de Benvenuto Cellini ; que sais-je, moi ? un objet d'art qui vaille au moins dix mille francs.

— Mon excellent ami ! vous m'assurez que c'est l'exemplaire unique.

— J'affirme que c'est identiquement celui signalé comme unique dans un ouvrage que nous possédons tous, nous autres bibliophiles.

— Confiez-le moi, mon cher voisin. Demain j'irai avec vous le reporter à son propriétaire, car... s'il était sollicité d'autre part? Si... Oh ! il ne sera jamais à moi! et pourtant je donnerais tout, la main de ma fille, s'il le faut, à celui....

— Je ne voudrais pas que cette condition s'appliquât à un autre qu'à moi-même. Il s'agit d'avoir avant tout le consentement de mademoiselle Marie. Pour ma part, j'ai confiance dans la loyauté du possesseur ; je sais ce qui lui conviendrait en échange. Il attendra, au besoin, un mois, un an.,...

— Un an ! mais c'est une éternité. Un objet d'art d'une telle valeur intrinsèque n'est pas facile à trouver : car, encore faut-il qu'il plaise. De l'argent ne serait donc point accepté?

— Il n'y a rien à espérer de ce côté, répliqua Eugène, qui eut un peu de peine à reprendre le précieux trésor.

Quand le malheureux bibliophile le vit disparaître sous son enveloppe grisâtre, il le regretta comme un ami qui s'embarque pour les îles, et crut devoir à sa conscience d'ajouter :

— Du reste, Monsieur, je vous en avertis loyalement : ma fille n'aura jamais d'autre dot que mes livres...., après moi. Pour un jeune clerc, qui compte sans doute s'établir....

— La perspective, même très lointaine, de posséder une bibliothèque comme la vôtre, n'est-ce pas la plus riche des dots ?

La réplique plut au père Vechel : il embrassa Eugène les larmes aux yeux, et prit congé de lui avec un gros soupir, qui s'adressait, je pense, au livre unique.

X.—Mariage dû au manuel de Brunet.

Eugène lui-même était encore dans le doute au sujet de la conclusion de l'aventure. Mais l'air enjoué et débonnaire du comte le rassurait : il n'exigerait pas, comme la fée Urgèle, des recherches impossibles, d'un homme qu'il savait n'avoir pas le temps de courir les ventes.

Quelquefois il se prenait à redouter encore sa concurrence. Elle serait terrible, malgré un âge un peu mûr, car c'était un millionnaire titré, et, enfin, le possesseur de la fameuse *Chronique*.

Il attendit le jeudi dans un véritable état de malaise et d'anxiété. Il en avait perdu le sommeil et l'appétit. Il se repentait presque d'avoir été trop heureux dans ses recherches. Auparav an, il lui eût été permis d'espérer, sans contracter d'engagement, puisque son rival le plus positif était en disgrâce ; mais, après avoir mis en avant un tel appât, à coup sûr il n'obtiendrait rien sans une clause devenue désormais indispensable.

Enfin arriva le jour tant désiré! Le comte fut exact. Le clerc, tout d'abord, fondit en remercîments pour la haute marque d'estime qu'il lui avait témoignée en lui confiant un livre aussi rare. Il raconta au visiteur l'effet produit sur le bibliophile. Ce récit parut intéresser M. de Gersey; mais il demeurait inflexible dans son projet de ne rien céder que par voie d'échange, « à moins (ajouta-t-il en riant) qu'une circonstance inattendue ne me forçât à m'en dessaisir. Supposons, par exemple, que je me laisse tomber dans le canal Saint-Martin, et que vous me repêchiez. Voilà un cas, du reste, qui ne se présentera pas de sitôt, vu que je vais rarement de ce côté. »

— Hélas! Monsieur, c'est pour mon voisin, ainsi que pour moi-même, une vraie fatalité, mais je ne vous en voue pas moins ma reconnaissance. Et à propos du voisin, nous allons, si vous le voulez bien, de ce pas, lui faire une visite. Je suis sûr de votre parole : nul autre que moi ne serait, en aucun cas, préféré pour ce qui concerne l'échange?

— C'est chose promise.

Tout en conversant ainsi, ils se trouvèrent vis-à-vis de la bonne porte. Un homme venait d'en sortir, c'était l'ami Durandal : il avait l'air fort mécontent, car c'était madame Ve-chel qui l'avait reçu, parce que son mari était encore au lit.

Au coup de sonnette, ce fut, cette fois, Marie qui se présenta; sur son beau visage se peignait l'affliction.

— Messieurs, mon bon père est ce matin fort indisposé, il n'a pu prendre son choco-lat; il éprouve un violent chagrin ; il pleure de temps à autre, sans vouloir en dire la raison ni à ma mère ni à moi.

Eugène attribua cet état de malaise à la scène de l'avant-véille. Il en conclut que l'amour des livres peut aller assez loin, comme les peines de l'âme, pour produire la souffrance, peut-être même la folie. Il fut effrayé des suites d'une émotion dont son compagnon possédait seul le remède. Le comte, de son côté, parais-sait absorbé dans la contemplation des traits de la jeune Marie.

— Mademoiselle, dit Eugène d'un air touché, Monsieur votre père ne pourrait-il nous recevoir un moment ?·

— Ma mère va vous le dire. La voici.

L'arrivée de madame Vechel donna lieu à un véritable coup de théâtre. M. de Gersey fut confirmé dans les soupçons vagues qu'il avait conçus au premier aspect de la jeune fille. Madame Vechel faillit s'évanouir.

— C'est bien lui! — C'est bien elle!...

Enfin une de ces reconnaissances de vaudeville dont Scribe a usé et abusé. Les entrailles paternelles de M. de Gersey furent émues. Il se rappela un certain été passé à Dieppe, il y avait long-temps. M. Vechel y vint un jour en effet avec sa jeune femme, à qui le docteur avait recommandé les bains de mer, pour cause de stérilité. Souvent le bibliophile (il l'était dès lors) allait seul aux environs visiter les antiquités et les antiquaires, laissant son épouse à l'hôtel, livrée à la solitude, à l'ennui et aux séductions. Les sentiments vont vite à Dieppe. Le comte de Gersey était alors un jeune et galant cavalier; il habitait le même hôtel. On devine tout le mystère.

Aimable Marie! comme elle ressemblait à sa mère, sauf quelques modifications qu'elle tenait d'autre part! Eugène, en comparant les trois visages, eut bientôt reconnu la ressemblance, et se dit : « Comment ce brave homme peut-il tant tenir à ses facéties sur les maris trompés? »

J'abrége. Les deux visiteurs sont admis en présence du malade. Le noble célibataire s'attendrit, sans hésiter, en faveur du jeune homme, et consent à faire de sa *Chronique piteuse* la condition essentielle du mariage. Eugène n'a plus à s'inquiéter ; il aura sans difficulté le triple assentiment de Marie, de madame Vechel et de sa mère, et nul (qui pourrait en douter?) ne sait mieux que lui rédiger un contrat.

En somme, tout le monde finit par être content (puisse le lecteur partager cette allégresse générale!). M. de Gersey eut la double satis-

faction de faire le bonheur d'un cher rejeton,
et d'attraper le dénouement de son vaudeville.
Le bibliophile eut son livre unique ; Eugène, sa
chère Marie ; madame Vechel, une bonne, et
plusieurs cachemires.

— Et Durandal, que gagna-t-il à tout cela ?

— Il se consola parfaitement avec ses livres.
D'ailleurs Jehan, désormais satisfait de son
trésor, et dégoûté du métier de fureteur, fit à
son collègue un grand et noble cadeau : il lui
donna sa parole qu'il n'irait plus à l'hôtel Silvestre lui disputer les manuscrits.

Cy finyst le Mirouer du bibliophile parisien.

Table.